Die schönsten Zitate
von Antoine de Saint-Exupéry

Glück

arsEdition

Wenn du das Wort Glück begreifen willst,

musst du es als Lohn
und nicht als Ziel verstehen,
denn sonst hat es keine Bedeutung.

Die Stadt in der Wüste

Ein Lächeln ist oft
das Wesentliche. Man wird
mit einem Lächeln bezahlt.
Man wird mit einem Lächeln
belohnt. Man wird durch
ein Lächeln belebt.

Bekenntnis einer Freundschaft

Das, worauf es im Leben ankommt,
können wir nicht voraussehen.
Die schönste Freude
erlebt man immer da, wo man sie
am wenigsten erwartet.

Wind, Sand und Sterne

Denn die Arme der Liebe halten dich gut, sie halten deine Gegenwart, deine Vergangenheit, deine Zukunft, die Arme der Liebe umfassen dich ganz …

SÜDKURIER

Wenn du, mein Freund, etwas
voller Liebe von mir empfängst, so
ist es, als wenn du den Botschafter
meines inneren Reiches willkommen
hießest! Und du behandelst ihn
freundlich und bittest ihn,
sich zu setzen, und hörst ihn an.
Und so sind wir glücklich.

Bekenntnis einer Freundschaft

Mein Freund hat seinen eigenen Gesichtspunkt. (...) Er kann schweigen und mich immer noch glücklich machen. Ich betrachte dann die Welt auf seine Weise und sehe sie anders.

Bekenntnis einer Freundschaft

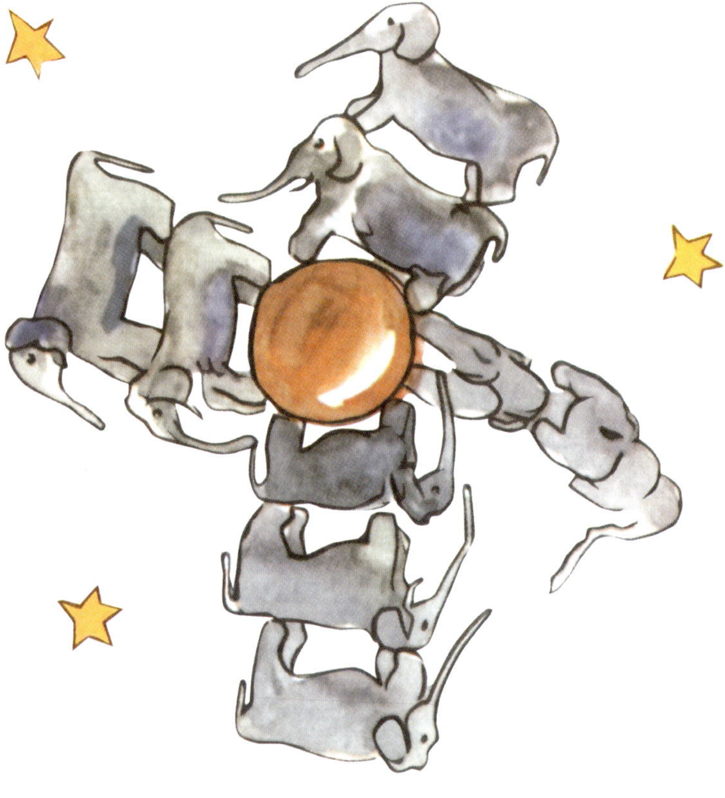

Wenn uns ein außerhalb
unseres Ichs liegendes
gemeinsames Ziel
mit anderen Menschen
brüderlich verbindet,
dann allein atmen wir frei.

Wind, Sand und Sterne

Der Mensch ist nichts
als ein Bündel von
Beziehungen. Die Beziehungen
allein zählen für den
Menschen.

Flug nach Arras

Und dennoch durfte ich entdecken, wie reich an Träumen ich war. Sie kamen zu mir, lautlos wie das Wasser einer

Quelle, sodass ich zuerst das Glücksgefühl nicht zu deuten wusste, das mich durchdrang.

WIND, SAND UND STERNE

Wie wenig Lärm machen die wirklichen Wunder! Wie einfach sind die wesentlichen Ereignisse.

BEKENNTNIS EINER FREUNDSCHAFT

Ich bin ganz Wachsamkeit, wie auf hoher See.

Nicht Geduld, denn es handelt sich nicht um ein Ziel; der Weg ist es, der die Freude gebiert.

DIE STADT IN DER WÜSTE

Was anderen **gelungen** ist, wirst du auch bewältigen!

WIND, SAND UND STERNE

Der Nachtflug mit seinen hunderttausend Sternen, die lichte Heiterkeit, das herrliche **Gefühl** einiger Stunden lassen sich für Geld nicht kaufen.

WIND, SAND UND STERNE

… damit ein Blütentraum
entstehen kann, muss zunächst
ein Baum da sein, und damit
ein Mensch glücklich sein kann,
muss er zunächst Mensch sein.

Die Stadt in der Wüste

»Hier ist mein Geheimnis.
Es ist ganz einfach:
Man sieht nur mit dem Herzen
gut. Das Wesentliche ist
für die Augen unsichtbar.«

Der Kleine Prinz

Und ich lege keinen Wert
darauf, die Formeln,
die das Glück umschreiben,
miteinander zu vergleichen.
Das Leben ist das,
was es ist.

Die Stadt in der Wüste

Wenn wir das Wesentliche
erkennen wollen, müssen wir
für einen Augenblick
alle Trennungen vergessen.

DIE STADT IN DER WÜSTE

… wichtig allein ist die Weite der Seele – der Seele mit ihren Wettern, ihren Bergen, ihren Einöden des Schweigens, ihren Schneeschmelzen, ihren Blumenhängen, ihren schlafenden Wassern: All das ist eine unsichtbare und erhabene Bürgschaft. Und auf ihr beruht dein **Glück** und du kannst dich nicht mehr davon trennen.

Die Stadt in der Wüste

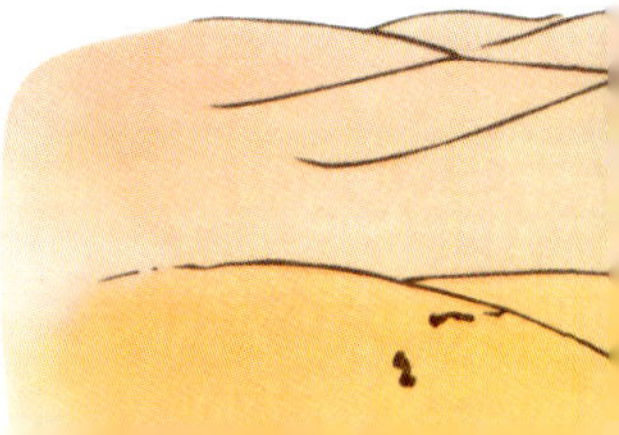

Ich fühlte das Bedürfnis, diejenigen, deren ich zu meiner Orientierung bedurfte, fester und dauerhafter zu empfinden als mich selbst. Um zu wissen, wohin ich zurückkehre. **Um zu leben.**

Bekenntnis einer Freundschaft

Die wahre Freude
ist die Freude
am andern.

BEKENNTNIS EINER FREUNDSCHAFT

»Du wirst immer
mein Freund sein.
Du wirst Lust haben,
mit mir zu lachen.«

DER KLEINE PRINZ

Du kennst nicht die Stunde
des Besuches, aber du musst
wissen, dass er allein
in der Welt die Macht hat,
dich mit **Glück** zu erfüllen.

Die Stadt in der Wüste

Versuche,
glücklich
zu sein …

Der Kleine Prinz

Le Petit Prince™

Layout: Eva Schindler, Ebersberg

ISBN 978-3-7607-6828-1
Printed by Tien Wah Press

www.arsedition.de